フェルトで作る
世界のお守りチャーム

ささき みえこ

日本文芸社

CONTENTS

メッセージチャーム

18　Pig　/ ドイツ
19　Owl　/ 日本
20　Cactus　/ メキシコ
21　Ieper　/ ベルギー
24　Lion　/ イタリア

定番のお守りチャーム

6　Dalahäst　/ スウェーデン
7　Shamrock　/ アイルランド
8　Kokopelli　/ アメリカ
9　Galo　/ ポルトガル
10　Easter Bunny　/ ドイツ
11　Horse Shoe　/ フランス
12　The Fatimas Hand　/ モロッコ
13　Corazón　/ メキシコ
14　Ankh　/ エジプト
15　Nisse　/ ノルウェー
16　Rose　/ フランス

コンビネーションチャーム

26　Pigeon&Mistletoe　/ ギリシャ
27　Bear&Honey　/ ドイツ
28　Ladybug　/ オランダ
32　Swan&Lily of the valley　/ フランス
33　Gecko&Narcissus　/ 中国
34　Blue Bird&Bluestar　/ ベルギー
35　Snake&Apple　/ インド
36　Fly Agaric&Snail　/ ドイツ

オーナメントチャーム

38　Good luck hanging ／中国

40　Dream Catcher ／アメリカ

42　Butterfly ／ギリシャ

44　Holly Wreath ／イタリア

46　道具と材料

48　図案の写し方

49　刺繍とパーツ付け

50　紐付け

51　綿入れ

52　ブランケット・ステッチ

53　刺繍の紹介

54　図案の見方

・作品の写真は。ほぼ実寸大です。
・印刷物のため、フェルトや刺繍糸の色が現物と異なる場合があります。
・本書で使用しているフェルト（すべてサンフェルト）や刺繍糸（すべてディー・エム・シー）の表示内容は、2019年8月のものです。
・由来、発祥地については諸説ありますので予めご了承ください。

幸運のモチーフは、世界各国様々なものがあり、長い歴史の中で人々に愛されてきました。
民族独特のもの、各国共通で縁起がいいもの、国によっては正反対の意味になってしまうものなど、意味や由来も奥の深い世界です。

この本では、いくつかのテーマに沿って、世界のラッキーチャームを集めました。
特にコンビネーションチャームは、幸運のモチーフのダブル使いで、
さらに強力かつ幅広い幸運を呼び込もう！という私自身の想いも込めた
欲張りアイテムになっています。

自分のために、家族や友人のために、『いいことがありますように』
という思いをそっとしのばせて、
フェルトと刺繍という、暖かみがあり
ちょっと懐かしい素材と手法で、楽しんで
作ってくださいね。

ささき みえこ

定番のお守りチャーム

縁起の良いモチーフは
世界中に数多く存在します。
古くから親しまれているモチーフを
身につけて幸運を呼び込みましょう。

Dalahäst
How to make.......P55

>>ダーラヘスト / スウェーデン

スウェーデン、ダーラナ地方発祥の伝統工芸品で、古くは子供のおもちゃとして親しまれていた木彫りの馬。森から木材を運び出すなど人々に従順で重宝されていた馬は、いつしか幸せを運んでくれる馬として広まりました。

>> シャムロック / アイルランド

アイルランド国花のシロツメクサ。三つ葉はキリスト教の教えである三位一体をイメージさせるとされ、四葉より大事にされてきました。婚約のときに交換しあったり、お守り代わりに渡したりと縁起物として親しまれています。

Shamrock
How to make……P56

Kokopelli

How to make.......P58

>> **ココペリ / アメリカ**

アメリカ先住民が崇める、旅をしながら幸せの種を蒔くという伝説の精霊。猫背で笛を吹き、頭に2〜5本のツノがある姿が特徴で、ココペリが笛を吹くと花が咲くとされ、五穀豊穣、子孫繁栄をもたらすと言われています。

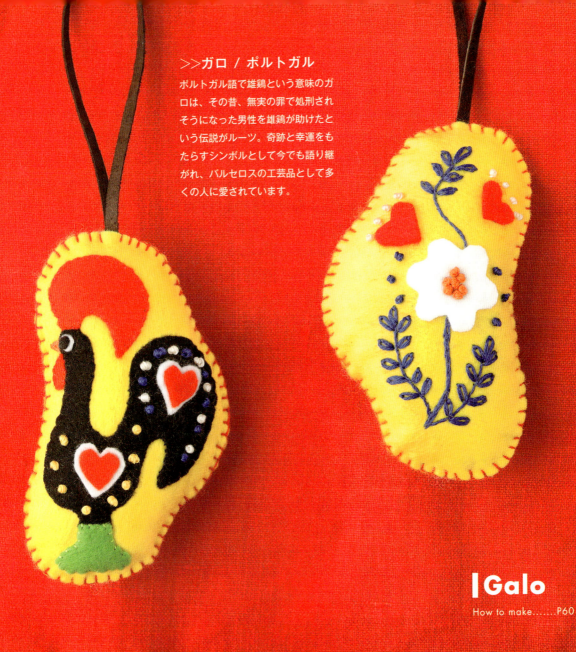

>>ガロ / ポルトガル

ポルトガル語で雄鶏という意味のガロは、その昔、無実の罪で処刑されそうになった男性を雄鶏が助けたという伝説がルーツ。奇跡と幸運をもたらすシンボルとして今でも語り継がれ、バルセロスの工芸品として多くの人に愛されています。

| Galo
How to make……P60

Easter Bunny
How to make.......P57

>>イースターバニー
/ ドイツ

キリストの復活を祝うイースター。イースターバニーのモチーフである野うさぎは一年に何度も出産をすることから子孫繁栄の象徴として崇められ、生命誕生のシンボルである卵と共に、イースターに欠かせない存在になっています。

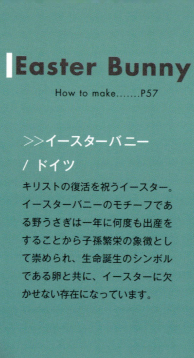

Horse Shoe
How to make.......P61

>> ホースシュー / フランス

古来からヨーロッパでは、馬の蹄につけるホースシュー（蹄鉄）のU字型が幸運を呼び込むとお守り代わりにされていました。今でも魔除けとして古い蹄鉄を飾ったり、幸運のお裾分けとして使用されています。

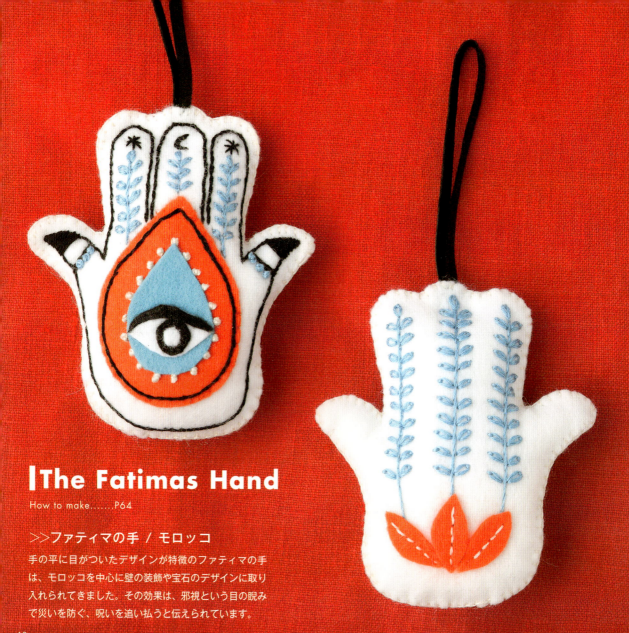

|The Fatimas Hand
How to make……P64

≫ファティマの手 / モロッコ

手の平に目がついたデザインが特徴のファティマの手は、モロッコを中心に壁の装飾や宝石のデザインに取り入れられてきました。その効果は、邪視という目の睨みで災いを防ぐ、呪いを追い払うと伝えられています。

Corazón

How to make.......P66

>> コラソン / メキシコ

スペイン語で心臓やハートを表すコラソン。イエス・キリストの人類に対する愛の象徴の心臓がモチーフになっており、中でもカトリック教徒の多いメキシコでは、長く愛され親しまれているモチーフです。

>>アンク / エジプト

古代エジプトにおける生命の象徴であるアンクは、T字の上に楕円形のループがのったもの。エジプト十字架とも呼ばれ、悪い事から守ってくれる魔除けの意味もあり、遺跡の壁画などにも描かれています。

Ankh
How to make.......P62

Nisse

How to make.......P68

>>ニッセ / ノルウェー
ニッセと呼ばれる小柄な妖精は、ノルウェーのサンタクロース。普段は屋根裏に住んでいて機嫌を損ねるといたずらをしますが、大切にもてなすと土地や建物、家族を守ってくれると言われ、今でも大事にされています。

Rose

How to make……..P71

≫バラ / フランス

咲いている時期が長いバラの花は長春花とも呼ばれ、長寿の花として親しまれています。その見た目の優美さから結婚式や正月の飾り花としても使われている縁起の良い花のひとつです。
La Passion =「情熱」

メッセージチャーム

それぞれのモチーフに込められた意味は様々。
想いを刺繍に込めたメッセージチャームは
ギフトにもぴったりです。

>>ブタ / ドイツ

ブタは一回のお産が軽く子宝に恵まれることから安産祈願の縁起物とされており、昔から幸福の象徴として崇められています。身近に置いておくと富と繁栄を招くとも言われ、貯金箱のモチーフとしても使われています。

Schwein haben! ＝「運がいい！」

| Pig
How to make.......P70

|Owl

How to make.......P72

>> フクロウ / 日本

不苦労、福朗などの縁起の良い当て字があるフクロウは、苦労知らずで福を招くと言われる鳥。また、360度首が回ることから開運や商売繁盛なども期待できるとされ、贈り物のモチーフとしても親しまれています。
Sagesse =「賢明」

Cactus
How to make.......P74

>>サボテン / メキシコ
風水において、尖ったものには運気を跳ね返す効果があるとされ、トゲのあるサボテンは邪気を追い払う植物と言われています。また、悪い気を寄せつけないように魔除け代わりとして玄関に置かれることもあります。
amour ＝「愛情」

Ieper
How to make.......P76

>>イーペル / ベルギー

ベルギーの小さな町・イーペルで行われている猫祭りでは、道化師たちが落とした黒猫のぬいぐるみを拾うと幸運がもたらされるという言い伝えが。黒の招き猫には魔除けの意味があるほか、ヨーロッパ地方では幸運の象徴とされています。
Toi toi toi ＝「うまくいくよ!」

Lion

How to make.......P77

>>ライオン / イタリア

ライオンは古くから権威や信仰の象徴とされており、紋章や国旗などに使用されています。王冠をかぶったライオンにはお金を集める効果があるとも言われ、金運アップが期待できます。
Bonne chance ＝「幸運を祈る」

コンビネーションチャーム

ヤモリと水仙、ヘビとりんごなど、
オリジナルの組み合わせを展開。
ポップでキュートなチャームに
元気をもらいましょう。

Pigeon & Mistletoe
How to make......P75

>>ハトとヤドリギ / ギリシャ

平和のシンボルとして有名なハトは、同じ相手と一生を添い遂げるという性質から愛の象徴と言われ、結婚式のモチーフとしても親しまれている鳥。また、ヤドリギはケルト神話で「聖なる木」として、縁起のよい植物とされています。
Peace ＝「平和」

Bear&Honey

How to make.......P82

>> クマとミツバチ / ドイツ

bear には「生む」、「育てる」などの意味があり、結婚する人への縁起のいい贈り物とされています。また、冬になると冬眠をすることから、貯める＝金運をもたらすという言い伝えも。蜂も同様に、蜂蜜を蓄える性質から金運上昇のシンボルとされています。

медведь＝「クマ」

Ladybug

How to make.......P78 (Red) • 79 (Yellow)

>> てんとう虫 / オランダ

幸運を運ぶとして世界中で親しまれているてんとう虫。てんとう虫が飛んでいく方向には出会いがある、てんとう虫が体に止まるのは幸運の兆しなど、ジンクスも数多く存在。黄色いてんとう虫は、赤よりもさらに大きな幸運がもたらされるとされています。
Marienkafer、Coccinelle =「てんとう虫」

Swan & Lily of the valley
How to make......P80

>> 白鳥と鈴蘭 / フランス

白く優美な姿に幸せのエネルギーがあると言われている白鳥。フランスでは5月1日に愛する人へ鈴蘭を贈る習慣あり、鈴蘭を贈られた人には幸せが訪れるという言い伝えがあります。白鳥と鈴蘭はどちらも結婚式の際の贈り物やモチーフとして親しまれています。

Gecko & Narcissu

How to make.......P83

>>ヤモリと水仙 / 中国

「家守」と書かれることから家を守ってくれる存在で有名なヤモリは、富の象徴とも言われています。そして、幸運を呼び込む花として中国でお正月に飾る習慣がある水仙。いずれも富と金運上昇の意味があるモチーフになっています。

Blue Bird&Bluestar

How to make.......P84

>>青い鳥とブルースター / ベルギー

幸福を運ぶ鳥として童話に描かれている青い鳥。ブルースターは結婚式で身につけると幸運があると言われ、ブーケによく使用されています。両方とも幸せを運んでくれるブルーモチーフの組み合わせです。

L'oiseau blue ＝「青い鳥」

Snake & Apple

How to make……P86

>>ヘビとりんご / インド

弁財天の化身と考えられ、財運や金運に恵まれるとされる白ヘビ。古来よりめでたいものとして崇められているヘビと、美と愛のシンボルとして親しまれているりんごのコンビネーションには、愛と成功への願いが込められています。
Eternal =「永遠」

>> ベニテングタケとカタツムリ / ドイツ

幸福のシンボルとして有名なベニテングタケは、癒しや心を鎮める効果があると言われています。そして、前にだけ進むことから縁起が良いとされるカタツムリ。いずれも幸運を運んでくれるかわいいモチーフとして世界中で親しまれています。

Fly Agaric&Snail

How to make.......P85

オーナメントチャーム

大振りのオーナメントチャームを
窓際や壁に飾って部屋の雰囲気を一新。
目につく所に飾ることで運気を
上昇させましょう。

Good luck hanging

How to make……．P88

>>吉祥吊るし飾り / 中国

幸福や繁栄を意味する「吉祥」。中国の春節に欠かせない吊るし飾りは、色鮮やかで華があり縁起が良いとされています。孔雀は愛と美しさの化身、富をもたらす力があると言われていますので、めでたいことづくしのお飾りです。

Dream Catcher

How to make.......P90

>>ドリームキャッチャー / アメリカ

古くからアメリカンインディアンに伝わる装飾品。枕元に飾ると、良い夢はキャッチャーネットをくぐって眠っている人に届けられ、悪い夢はネットに引っかかり朝陽と共に消えると信じられています。また、寝ている子供を悪夢から守る魔除けとしても使われてきました。

|Butterfly
How to make.......P92

>>蝶々飾り / ギリシャ

幼虫からサナギを経て、美しい成虫へと変化することから輪廻転生や長寿などの象徴とされる蝶。見かけただけでも運気が上昇すると言われる蝶の中でも、黄色い蝶は大きな幸運を運ぶと伝えられています。

Holly Wreath
How to make.......P94

>>ヒイラギリース / イタリア

リースの輪には永遠や再び戻るという意味があり、ヨーロッパ諸国では歓迎の意味を込めて玄関などに飾る風習があります。常緑樹のヒイラギは、生命の象徴として尊い樹と崇められ、王冠のモチーフや王様のシンボルにもなっています。

foresight＝「先見の明」

道具と材料

本書で使用している主な道具と材料を紹介します。

準備

材料

①刺繍用コピーペーパー
図案をフェルトに写す際に使用します。強い力で描いても破れないように、セロファンやクリアファイルを重ねて使用することをおすすめします。

②針
フェルトを合わせるときや、刺繍をする際に使用します。まち針はフェルトを固定するときに使います。

③チャコペン
型紙を描き写した際、線が足りなかった部分の補足などに使用します。

④はさみ
フェルトや糸をカットします。細かいところも切れるように、先が細くなっているものがおすすめです。

飾り

⑤ フェルト
本書では、サンフェルト株式会社のものを使用しています。厚さ1mmのウォッシャブルフェルトとミニー200の2種類になります。

⑥ 刺繍糸
本書では、ディー・エム・シーの25番刺繍糸を使用しています。

⑦ 綿
本体につめて丸みを出します。

⑧ 手芸用ボンド
パーツを貼り合わせたり、紐を付ける際に使用します。

⑨ リリヤン編み糸
色鮮やかで発色の良いリリヤン編み糸です。「吉祥吊るし飾り(P38)」のフリンジで使用しています。

⑩ 革紐
ストラップ部分に使用するやわらかい合皮の紐です。本書では4mm幅のものを使用しております。

⑪ 装飾用フェザー
「ドリームキャッチャー(P40)」で使用しています。

⑫ ウッドビーズ
「ドリームキャッチャー(P40)」で使用しています。レッドとナチュラルカラーの2色を使用。

⑬ スパングル
立体感のある亀甲型や、平たい形状の平丸型などを使用しています。

｛ 図案の写し方 ｝

図案はほぼ実寸大になります。
作りたい図案にトレーシングペーパーを重ねてなぞってください。

<使用するもの> ・えんぴつ ・ボールペン ・チャコペン ・トレーシングペーパー ・刺繍用コピーペーパー ・クリアファイル

1 トレーシングペーパーに図案をなぞる

図案ページにトレーシングペーパーをのせて、鉛筆でなぞります。手でおさえるかテープで固定しておくとずれません。

2 クリアファイルにはさむ

書き写したトレーシングペーパーの下にコピーペーパー、フェルトを敷き、クリアファイルにはさみます。

3 クリアファイルの上からなぞる

ボールペンでクリアファイルの上から図案をなぞります。フェルトには線が写りにくいため、力を入れてなぞりましょう。

4 チャコペンで補足

写しきれなかった細かい部分は、図案を見ながらチャコペンで補足します。

刺繍とパーツ付け

図案を写したフェルトに刺繍をし、パーツを貼り付けていきます。
刺繍の指示は図案ページで確認してください。

1 刺繍をする

フェルトを切り抜く前に、転写した線に沿って刺繍をします。切り取り線となる外枠部分にかからないように注意しましょう。

2 パーツを縫い付ける、またはボンドでパーツを貼る

重なる部分のパーツを縫い付ける際は、マチ針を使ってずれないように縫っていきます。ボンドで貼る場合は、全体のバランスを見てから貼りましょう。

3 輪郭を切る

外枠の線に沿ってフェルトを切っていきます。ここでは、刺繍糸まで切らないように気をつけます。

表面と裏面が完成しました。

紐付け

ボンドを使って紐を付けます。
紐の長さは本体の大きさや用途に応じて変えてください。

1 紐の両端を合わせる

紐の内側にボンドをつけて、貼り合わせます。

2 指でおさえる

貼り合わせた部分を指でギュッと押します。はみ出したボンドは取り除きます。

3 フェルトに接着する

フェルトの内側部分にボンドを塗って、紐をつけます。ボンドがはみ出さないように気をつけましょう。

4

ボンドが固まるまでしばらく待ちます

 Just a moment, please.

綿入れ

本体をかがり、綿を詰めて丸みを出したら完成です。綿詰めのポイントもお伝えします。

1 本体をかがる

ボンドが固まったら、フェルトの表と裏を重ねてまわりをブランケットステッチでかがり、綿入れ口を残して縫い休めます。

2 わたを詰める

綿は小さくちぎって少しずつ詰めていきましょう。細い棒などで奥の方から詰めていくと、丸みのあるシルエットになります。

3 完成！

残しておいた糸を使い、ブランケットステッチでとじたら完成です。

Finish!

ブランケット・ステッチ

本体の縁をかがる際、基本となるブランケット・ステッチ。針を等間隔に入れていくことで、作品が美しく仕上がります。

1 縫い始め

針に糸を通したら玉結びをし、2枚重ねたフェルトの内側から外に針を出します。

2

フェルトの下から上に向けて刺し出し、針先に糸をかけます。

3

糸を引くとこのようになります。

4

横に次の一針を刺し、また糸をかけます。このとき、針を入れる位置が均一になるように意識しましょう。

5 縫い終わりの始末

周囲をかがり終えたら、刺し始めの糸に針をかけて引きます。

6

手前のフェルトだけに針を刺して、フェルトの内側から出します。

7

刺し終わり箇所の縫い目の糸を少し引き出して輪を作り、針をくぐらせます。

8

そのまま糸を引き、結び目を作ります。

9

最後はフェルトの間に針を刺し、縫い目から少し離れた位置に出して糸を切りましょう。

刺繍の紹介

ステッチの種類は数多くありますが、こちらでは本書で使用している7パターンの縫い方を紹介します。

Satin Stitch サテン ステッチ

糸を並行に密に刺し並べていって模様を作り上げます。

Outline Stitch アウトライン ステッチ

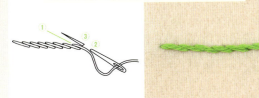

左から右へ斜めに糸を渡すことを繰り返しながら刺し進みます。

Straight Stitch ストレート ステッチ

針を出して、入れて直線の糸を使って模様を作り上げます。

Chain Stitch チェーン ステッチ

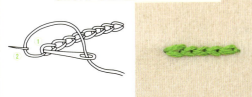

針を出した所に針を差し戻し、針先に糸をかけて輪を作っていきます。

French Knot Stitch フレンチ ノット ステッチ

針先に糸を数回巻きつけて刺し入れます。

Back Stitch バック ステッチ

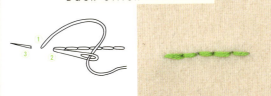

表の針目の二倍分の布をすくって返し縫いをしながら右から左へ刺し進みます。

Lazy Daisy Stitch レゼー デージー ステッチ

チェーンSを刺し、孤の中央を小さい針目で刺します。

図案の見方

図案は全て実物大サイズになります。

ダーラヘスト

作品掲載：P6

材料
刺繍糸 321　820　742　ECRU
フェルト RN-18　RN-24
革紐 20cm前後

作り方
1. 正面、背面、パーツの刺繍をする。
2. 正面、背面、パーツを切り抜く。
3. たてがみ部分と鞍のパーツを正面と背面に手芸用ボンドで貼り付ける。
4. 紐を背面の付け位置に手芸用ボンドで貼る。
5. 本体をECRUの糸で縫い、綿を入れて閉じる。

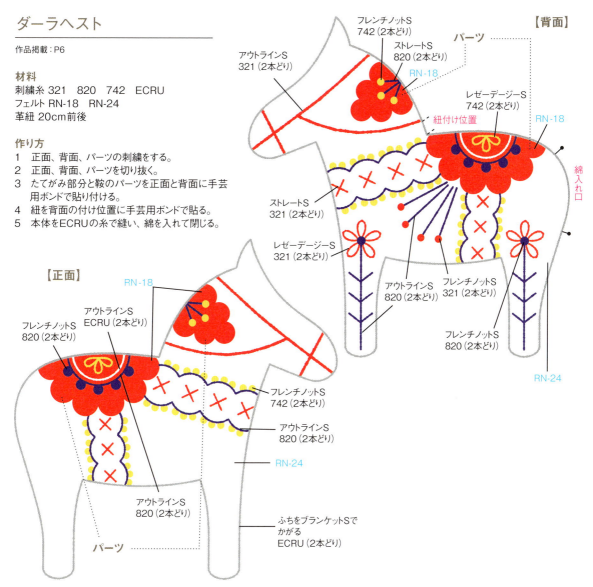

シャムロック

作品掲載：P7

材料
刺繍糸 581　351　319　ECRU
フェルト RN-10　RN-24　RN-08
スパンコール 06/cup色番21　06/cup色番56
06/cup色番35　08/cup色番41
革紐 20cm前後

作り方
1. 正面、背面パーツの刺繍をして、スパンコールを付ける。
2. 正面、背面パーツを切り抜く。
3. 紐を背面の付け位置に手芸用ボンドで貼る。
4. 各綿入れ口を残して、茎のパーツを挟み込み正面と背面パーツを351の糸で縫う。（イラスト参照）
5. 綿を入れて閉じる。

【正面】
紐付け位置
フレンチノットS ECRU（2本どり）
アウトラインS 319（2本どり）
サテンS 351（2本どり）
スパンコール 08/cup41
アウトラインS 351（2本どり）
RN-10
ふちをブランケットSでかがる 351（2本どり）
パーツ

RN-10
バックS 581（2本どり）
スパンコール 06/cup35
綿入れ口

【背面パーツ】
RN-08
バックS 351（2本どり）
スパンコール 06/cup56
綿入れ口

RN-24
バックS ECRU（2本どり）
スパンコール 06/cup21
綿入れ口

綿を入れてとじる
綿入れ口

イースターバニー

作品掲載：P10

材料
刺繍糸 844　603　906　3064　ECRU
フェルト RN-17　#221　#703　#574
革紐 20cm前後

作り方
1. 正面、背面の刺繍をする。卵は細かいパーツを手芸用ボンドで貼り付けて刺繍をする。
2. 正面、背面、パーツを切り抜く。
3. 正面のウサギの手を卵の上におく形で、3064の糸で縫い合わせる。（イラスト参照）
4. 紐を背面の付け位置に手芸用ボンドで貼る。
5. 本体を603の糸で縫い、綿を入れて閉じる。

ココペリ

作品掲載：P8

材料
刺繍糸 3849　351　ECRU
フェルト RN-08　RN-44　RN-29　RN-31　#703
革紐 20cm前後

作り方
1. 正面、背面、パーツの刺繍をする。
2. 正面、背面、パーツを切り抜く。
3. 正面と大きい輪のパーツを重ね、内側をかがって縫い合わせる。小さい輪のパーツを正面に重ね、351の糸を使いストレートステッチで縫い付ける。周りに351でチェーンステッチをする。（イラスト参照）
4. 背面の柄のパーツを手芸用ボンドで貼る。
5. 紐を背面の付け位置に手芸用ボンドで貼る。
6. 本体を351の糸で縫い、綿を入れて閉じる。

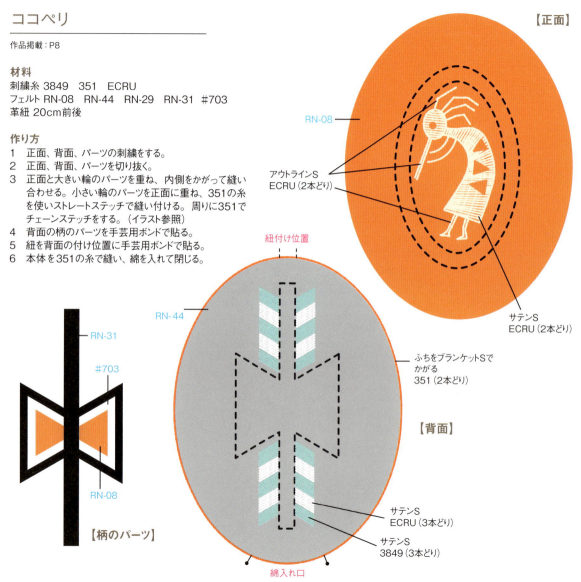

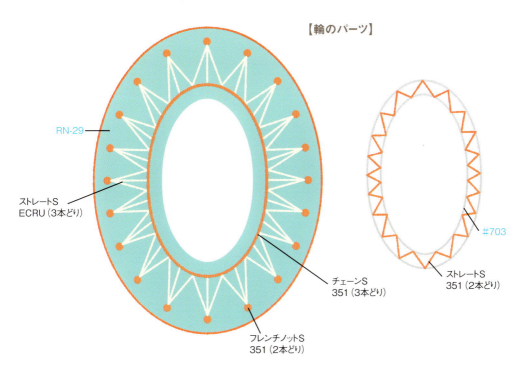

【輪のパーツ】

RN-29

ストレートS
ECRU（3本どり）

チェーンS
351（3本どり）

フレンチノットS
351（2本どり）

#703

ストレートS
351（2本どり）

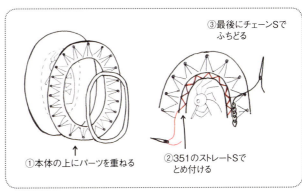

①本体の上にパーツを重ねる

②351のストレートSでとめ付ける

③最後にチェーンSでふちどる

ガロ

作品掲載:P9

材料
刺繍糸 321　796　742　704　310　921　ECRU
フェルト RN-18　RN-31　RN-10　#703　#332
革紐 20cm前後

作り方
1. 正面、背面、パーツの刺繍をする。背面の花を切り抜きフレンチノットステッチで縫い付ける。正面、背面のハートを切り抜き手芸用ボンドで貼る。
2. 正面、背面、鳥のパーツを切り抜く。
3. 鳥のパーツを縫い付ける。
4. 紐を背面の付け位置に手芸用ボンドで貼る。
5. 本体を321の糸で縫い、綿を入れて閉じる。

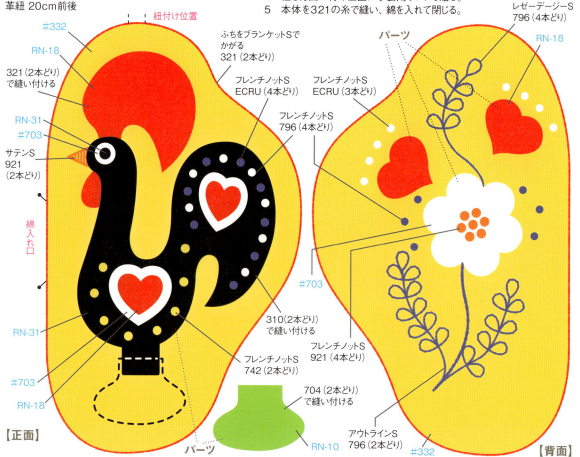

ホースシュー

作品掲載：P11

材料
刺繍糸 3821　318　603　820
フェルト RN-3　#703　#538
スパンコール 08/cup色番41
革紐 20cm前後

作り方
1. 正面、背面、パーツの刺繍をする（蹄鉄の内側をのぞく）。
2. 正面、背面にスパンコールを付ける。星のパーツを切り抜きバックステッチで縫い付ける。
3. 正面、背面、パーツを切り抜く。（イラスト参照）
4. パーツを重ね、蹄鉄部分の内側にバックステッチをしながら縫い合わせる。
5. 紐を背面の付け位置に手芸用ボンドで貼る。
6. 本体を318の糸で縫い、綿を入れて閉じる。

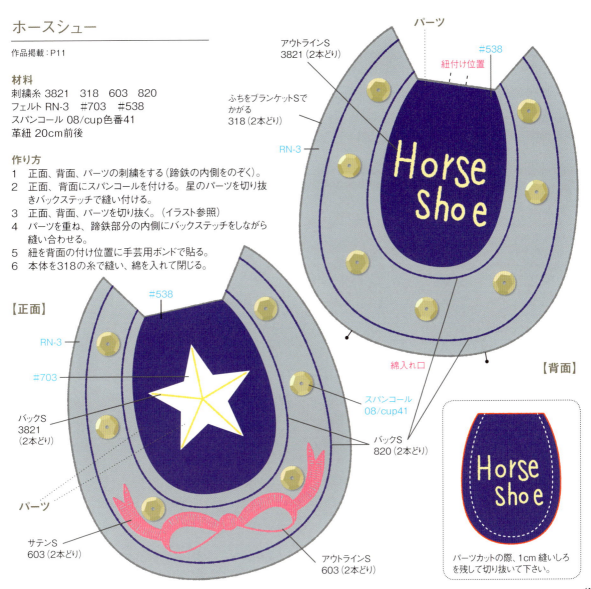

アンク

作品掲載：P14

材料
刺繍糸 321　742　319　844　3821　807
フェルト RN-3　RN-29　RN-18　#703
スパンコール 08/cup色番41
革紐 20cm前後

作り方
1. 正面、背面、パーツの刺繍をする。背面の花と葉を切り抜き、花をフレンチノットステッチで、葉をバックステッチで縫い付ける。正面の赤い花を切り抜きスパンコールで縫い付ける。
2. 正面、背面、パーツを切り抜き、正面の十字、鳥のパーツを手芸用ボンドで貼る。
3. 正面のクロスのパーツを本体に縫い付ける。
4. 紐を背面の付け位置に手芸用ボンドで貼る。
5. 本体をECRUの糸で縫い、綿を入れて閉じる。

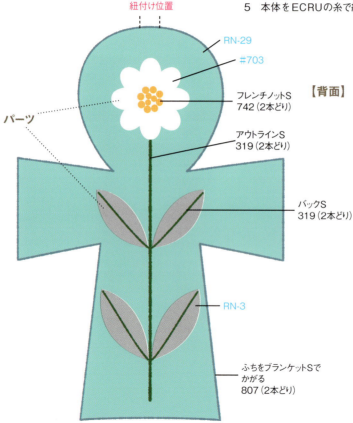

【背面】

紐付け位置
パーツ
RN-29
#703
フレンチノットS 742（2本どり）
アウトラインS 319（2本どり）
バックS 319（2本どり）
RN-3
ふちをブランケットSでかがる 807（2本どり）

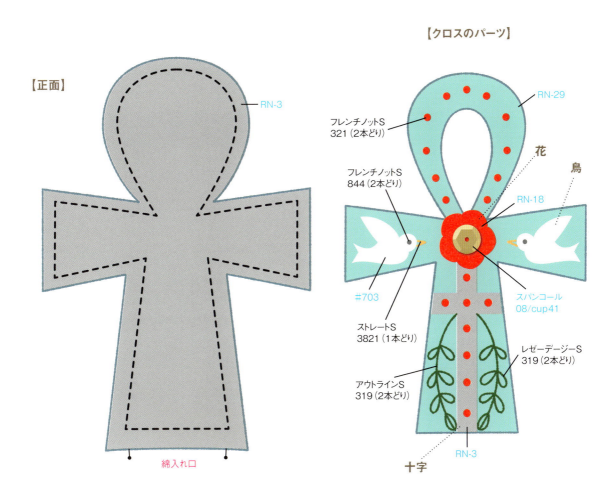

ファティマの手

作品掲載：P12

材料
刺繍糸 807　310　ECRU
フェルト RN-29　RN-31　#139　#703
革紐 20cm前後

作り方
1. 正面、背面、パーツの刺繍をする。背面のオレンジの花びらを切り抜きバックステッチで縫い付ける。
2. 正面、背面、パーツを切り抜く。
3. 目のパーツ、しずく型のパーツを手芸用ボンドで貼り付ける。（イラスト参照）
4. 紐を背面の付け位置に手芸用ボンドで貼る。
5. 本体をECRUの糸で縫い、綿を入れて閉じる。

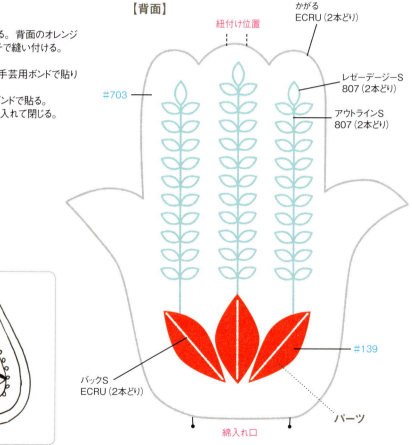

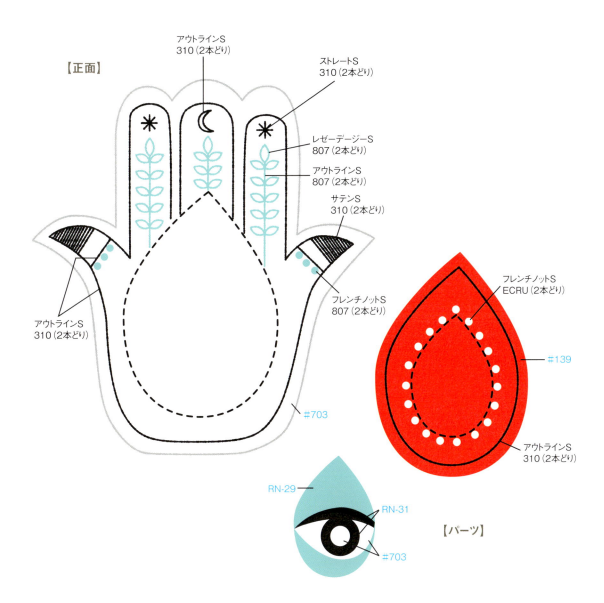

コラソン

作品掲載：P13

材料
刺繍糸 310　807　742　319　321　318
E3821　ECRU
フェルト RN-18　RN-3　RN-29　RN-17　#703
スパンコール 06/cup色番39　08/cup色番41
革紐 20cm前後

作り方
1. 正面、背面、パーツの刺繍をする（いばらの刺繍を除く）。赤とグレーのハートを切り抜き、赤のハートにスパンコールを付ける。
2. 正面、背面、パーツを切り抜く。
3. 赤のハートをグレーのハートに縫い付け、それを正面、背面に縫い付ける。背面のハート上部にスパンコールをひとつ付け、いばらの刺繍をする。
4. 花を3パーツ切り取り、重ねてフレンチノットステッチで正面に縫い付ける。（イラスト参照）
5. 紐を背面の付け位置に手芸用ボンドで貼る。
6. 本体をECRUの糸で縫い、綿を入れて閉じる。

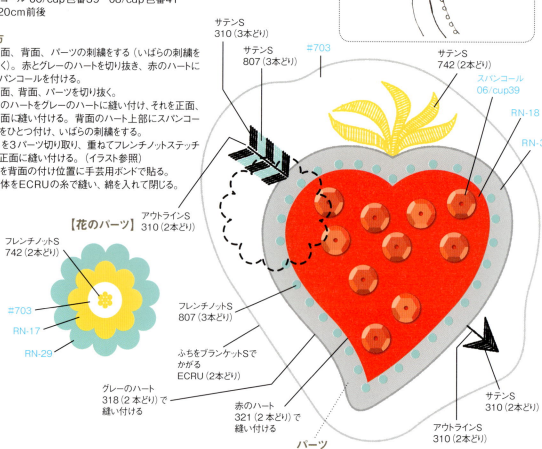

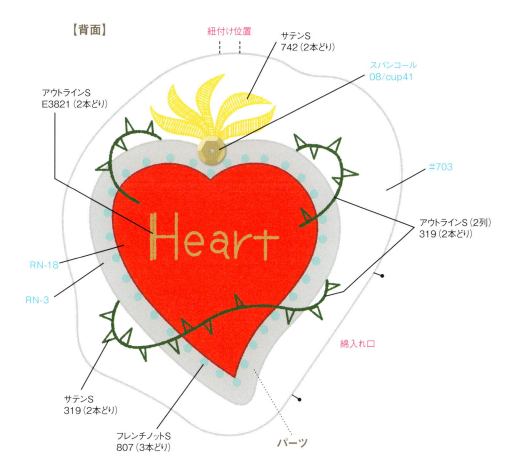

ニッセ

作品掲載：P15

材料
刺繍糸 722　890　728　505　ECRU
フェルト RN-21　RN-35　RN-24　#221
綿 ひげ用（中に詰める綿とは別に）
革紐 20cm前後

作り方
1. 正面、背面の刺繍をする。
2. 正面、背面、パーツを切り抜く。正面の帽子に顔のパーツを、顔のパーツにひげ土台パーツを縫い付ける。正面の体をひげ土台パーツに縫い付ける。
3. 綿を丸く平らに広げてふちを縫い縮め、ひげの丸い固まりを作る。鼻のフェルトのふちを縫い縮め、綿を詰めて丸く形作る。（イラスト参照）
4. 顔の部分に鼻を縫い付け、綿のひげを、ひげ土台パーツにECRUの糸で縫い付ける。
5. 紐を背面の付け位置に手芸用ボンドで貼る。
6. 足のパーツを挟み込み本体を505の糸で縫い、綿を入れて閉じる。

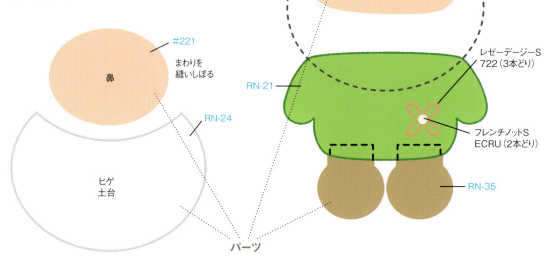

【背面】

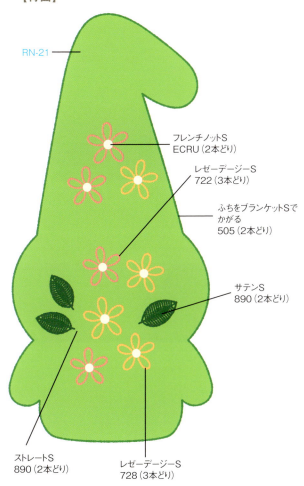

RN-21

フレンチノットS
ECRU（2本どり）

レゼーデージーS
722（3本どり）

ふちをブランケットSで
かがる
505（2本どり）

サテンS
890（2本どり）

ストレートS
890（2本どり）

レゼーデージーS
728（3本どり）

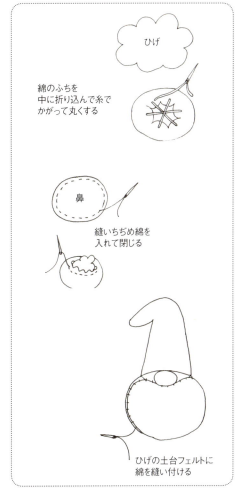

ひげ

綿のふちを
中に折り込んで糸で
かがって丸くする

鼻

縫いちぢめ綿を
入れて閉じる

ひげの土台フェルトに
綿を縫い付ける

69

ブタ

作品掲載：P18

材料
刺繍糸 844 581 3064 906 742
フェルト ♯703 ♯221
革紐 20cm前後

作り方
1. 正面、背面、パーツの刺繍をする。
2. 正面、背面、パーツを切り抜く。
3. 花のパーツを手芸用ボンドで貼る。
4. 紐を背面の付け位置に手芸用ボンドで貼る。
5. 耳のパーツを挟み込み本体を3064の糸で縫い、綿を入れて閉じる。

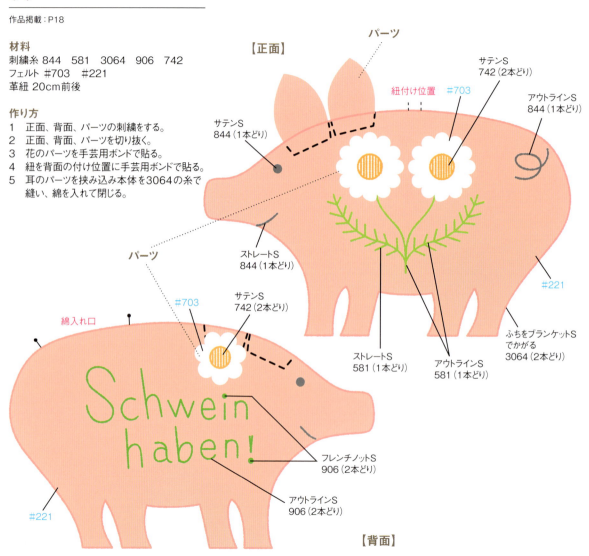

バラ

作品掲載:P16

材料
刺繍糸 498　581　505　844　E3821　ECRU
フェルト RN-20　RN-18　#703
革紐 20cm前後

作り方
1　正面、背面、パーツの刺繍をする。
2　正面、背面、パーツを切り抜く。
3　バラのパーツを、背面に手芸用ボンドで貼る。葉のパーツを正面に縫い付ける。
4　紐を背面の付け位置に手芸用ボンドで貼る。
5　本体をE3821で縫い、綿を入れて閉じる。

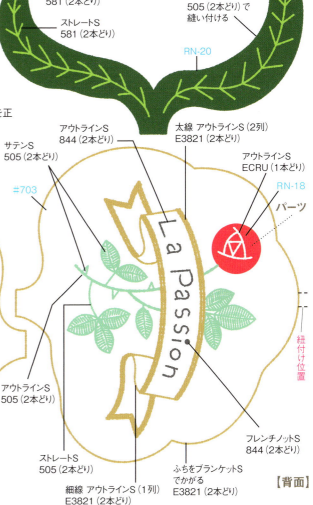

フクロウ

作品掲載：P19

材料
刺繍糸 154　3821　3064　581　844　318　ECRU
フェルト RN-24　RN-28　RN-3　RN-31　RN-17　#229　#221
革紐 20cm前後

作り方
1. 正面、背面、パーツの刺繍をする。顔周りのパーツを切り抜き目とくちばしを手芸用ボンドで貼る。
2. 正面、背面、パーツを切り抜く。
3. 頭部のパーツに顔のパーツを、正面に木目のパーツを手芸用ボンドで貼る。
4. 正面に、頭部のパーツ、胴体のパーツ、木目のパーツを縫い付けた後、はねのパーツを縫い付ける。（イラスト参照）
5. 紐を背面の付け位置に手芸用ボンドで貼る。
6. 本体を154の糸で縫い、綿を入れて閉じる。

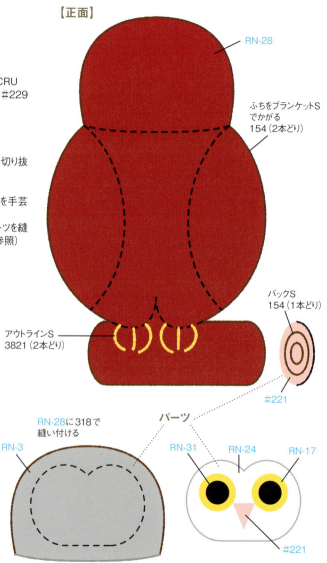

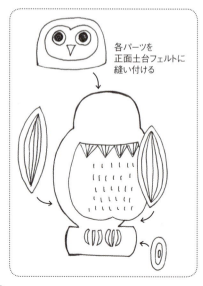

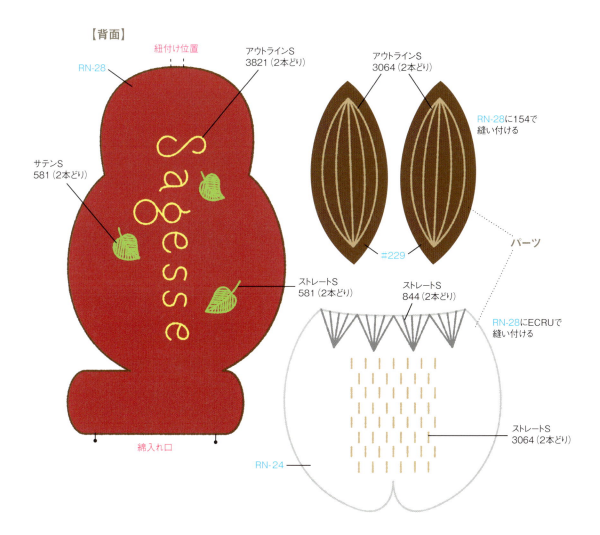

サボテン

作品掲載：P20

材料
刺繍糸 351　780　3782　581　ECRU
フェルト RN-21　RN-35　RN-43　R-N17
革紐 20cm前後

作り方
1 正面、背面の刺繍をする。
2 正面、背面、パーツを切り抜く。紐を背面の付け位置に手芸用ボンドで貼る。
3 はちのふちを縫い、綿を入れる。サボテン上部のパーツを縫い綿を入れ、花のパーツ、小と大を重ねて、フレンチノットステッチでサボテンのパーツに縫い付ける。
4 サボテン下部の上の部分に、花の付いたサボテンパーツを挟み込み、ふちを縫い綿を入れる。（イラスト参照）
5 サボテンをはちに挟み込み、はちの上部を縫い閉じる。

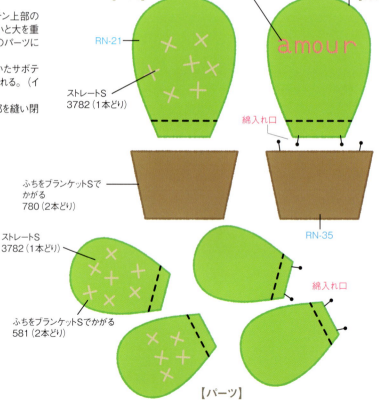

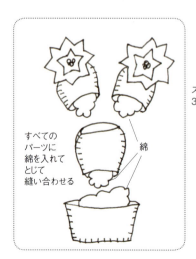

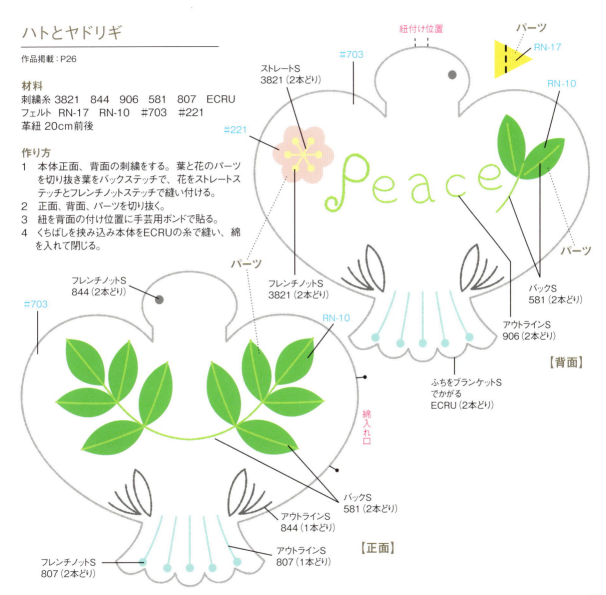

イーペル

作品掲載：P21

材料
刺繡糸 321　3821　581　ECRU
フェルト RN-31　RN-21　#703
スパンコール 06/cup色番39
革紐 20cm前後

作り方
1　正面、背面の刺繡をする。葉のパーツを切り抜き、バックステッチとストレートステッチで背面に縫い付け、スパンコールを付ける。
2　正面、背面、パーツを切り抜く。
3　耳のパーツに内側のパーツを、正面に目のパーツを手芸用ボンドで貼る。
4　紐を背面の付け位置に手芸用ボンドで貼る。
5　耳を挟み込み本体を321の糸で縫い、綿を入れて閉じる。

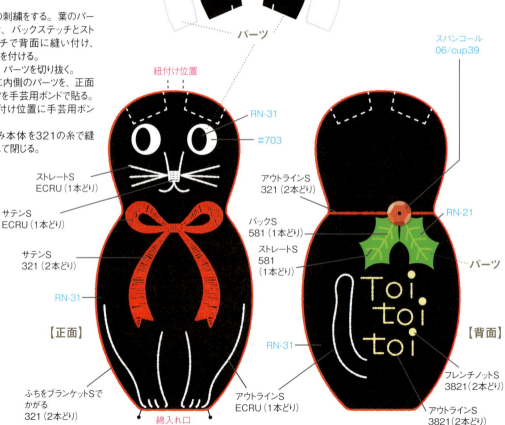

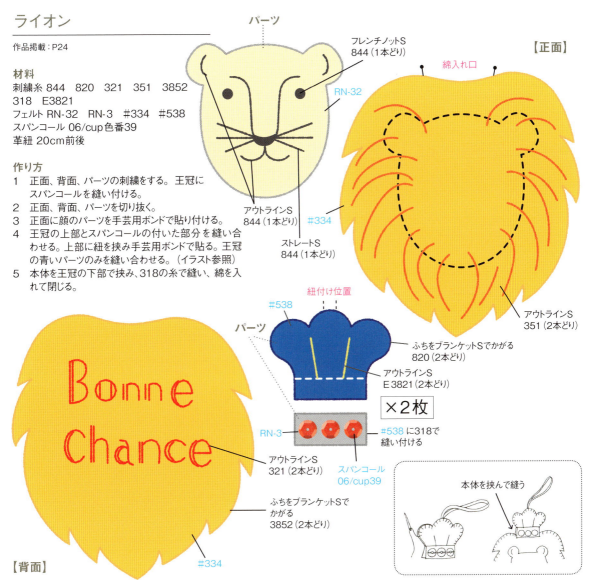

てんとう虫　赤

作品掲載：P28

材料
刺繍糸 310　321　3849　ECRU
フェルト RN-31　RN-18　#703
革紐 20cm前後

作り方
1. 正面、背面、パーツの刺繍をする。
2. 正面、背面、パーツを切り抜く。正面に星のパーツを手芸用ボンドで貼る。
3. 目のパーツを頭（正面）に、触覚のパーツを頭（背面）に手芸用ボンドで貼る。
4. 紐を背面の付け位置に手芸用ボンドで貼る。
5. 本体を321の糸で縫い、綿を入れて閉じる。

【正面】

パーツ
RN-31
#703
サテンS 310（2本どり）
RN-18
レゼーデージーS ECRU（2本どり）
パーツ
フレンチノットS 3849（2本どり）
アウトラインS 310（2本どり）

【背面】

紐付け位置
パーツ
RN-31
ふちをブランケットSでかがる 321（2本どり）
フレンチノットS 3849（2本どり）
レゼーデージーS ECRU（2本どり）
アウトラインS 3849（2本どり）
RN-18
綿入れ口

てんとう虫　黄色

作品掲載：P29

材料
刺繍糸 3849　742　321　ECRU
フェルト RN-31　RN-17　#703
革紐 20cm前後

作り方
1. 正面、背面、パーツの刺繍をする。
2. 正面、背面、パーツを切り抜く。正面に星のパーツフレンチノットステッチ、ストレートステッチで縫い付ける。
3. 目のパーツを頭（正面）に、触覚のパーツを頭（背面）に手芸用ボンドで貼る。
4. 紐を背面の付け位置に手芸用ボンドで貼る。
5. 本体を742の糸で縫い、綿を入れて閉じる。

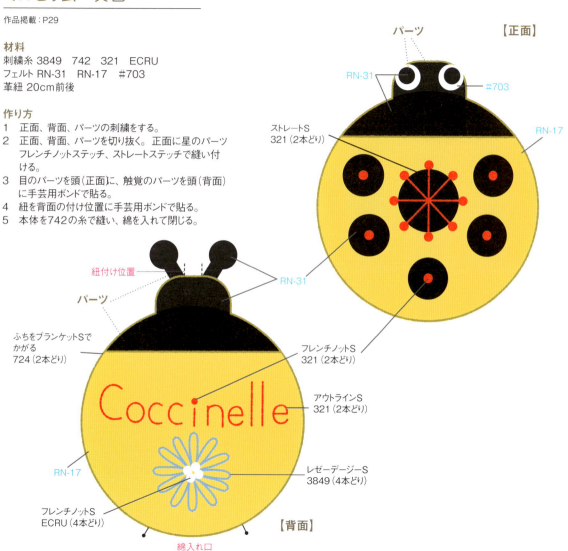

白鳥と鈴蘭

作品掲載：P32

材料
刺繍糸 844　581　3841　742　ECRU
フェルト RN-45　RN-21　♯703
ポンポンブレード 30cm
革紐 20cm前後

作り方
1. 正面、背面、パーツの刺繍をする。
2. 正面、背面、パーツを切り抜く。
3. 正面と背面に葉のパーツをアウトラインステッチで縫い付ける。正面に白鳥のパーツを縫い付け、くちばしを刺繍する。
4. 紐を背面の付け位置に手芸用ボンドで貼る。
5. 本体にポンポンブレードを挟み込みながら、3841の糸で縫い、綿を入れて閉じる。（イラスト参照）

【正面】

- フレンチノットS 844（4本どり）
- フレンチノットS ECRU（3本どり）
- ♯703
- RN-45
- サテンS 742（2本どり）
- サテンS ECRU（3本どり）
- サテンS 844（2本どり）
- アウトラインS 581（2本どり）
- RN-21
- ふちをかがる 3841（2本どり）
- ECRU（2本どり）で白鳥を縫い付ける
- アウトラインS 581（2本どり）
- アウトラインS 844（2本どり）
- パーツ

ポンポン部分だけ外に出す

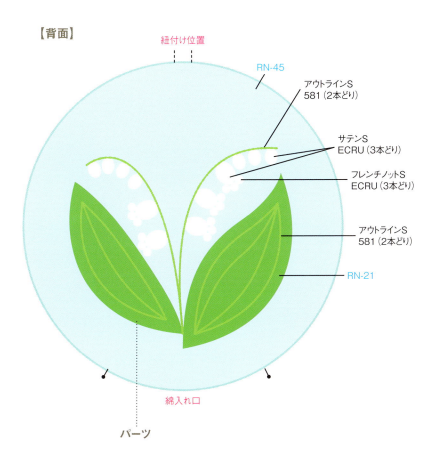

クマ

作品掲載：P27

材料
刺繍糸 780　310　742　3371　505　ECRU
フェルト RN-31　RN-35　#703
革紐 20cm前後

作り方
1 正面、背面の刺繍をする。目と鼻のパーツを切り抜き、正面に手芸用ボンドで貼る。
2 正面、背面、パーツを切り抜く。
3 紐を背面の付け位置に手芸用ボンドで貼る。
4 耳のパーツを挟み込み本体を780の糸で縫い、綿を入れて閉じる。

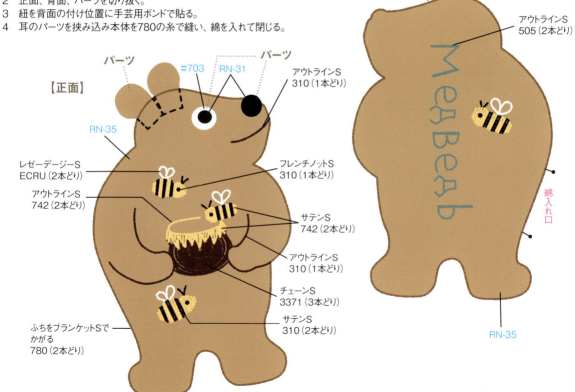

ヤモリと水仙

作品掲載：P33

材料
刺繍糸 319　743　3845　844　780　ECRU
フェルト RN-41　#703　#332　#219
革紐 20cm前後

作り方
1　ヤモリと水仙のパーツを切り抜く。
2　正面にヤモリのパーツを、背面に水仙の花びらを縫い付ける。正面に水仙のパーツをストレートステッチで縫い付ける。
3　正面、背面の刺繍をする。
4　正面、背面を切り抜く。
5　背面の横向きの水仙に、黄色いパーツを手芸用ボンドで貼り、正面向きの水仙にストレートステッチで縫い付ける。
6　紐を背面の付け位置に手芸用ボンドで貼る。
7　本体を743の糸で縫い、綿を入れて閉じる。

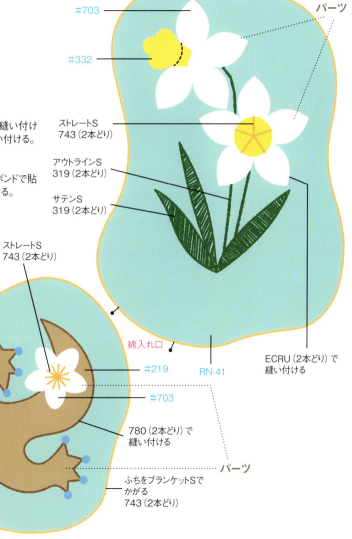

青い鳥とブルースター

作品掲載：P34

材料
刺繍糸 820　598　807　742　ECRU
フェルト RN-38　RN-17
革紐 20cm前後

作り方
1. 正面、背面の刺繍をする。
2. 正面、背面、パーツを切り抜く。
3. 紐を背面の付け位置に手芸用ボンドで貼る。
4. くちばしを挟み込み本体を807の糸で縫い、綿を入れて閉じる。

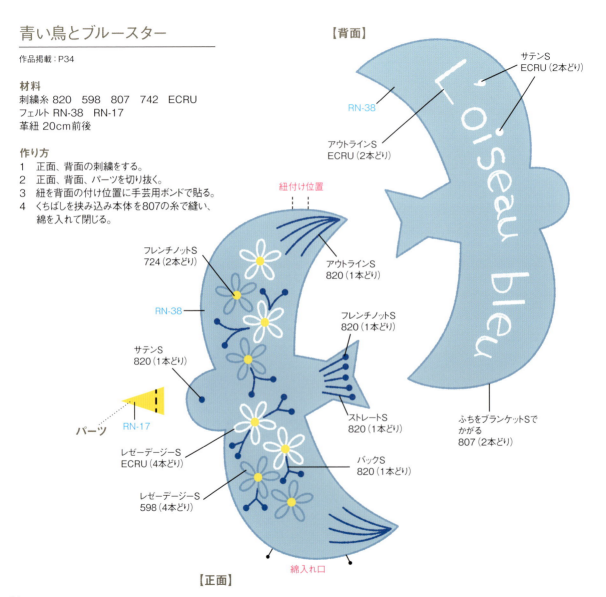

ベニテングタケとカタツムリ

作品掲載：P36

材料
刺繍糸 742　3849　321　844　3033　ECRU
フェルト RN-24　♯113
革紐 20cm前後

作り方
1. 正面、背面、パーツの刺繍をする。
2. 正面、背面、パーツを切り抜く。かさのパーツを柄のパーツに縫い付ける。
3. 紐を背面の付け位置に手芸用ボンドで貼る。
4. 本体の赤い部分はECRUで、白い部分は321の糸で縫い、綿を入れて閉じる。

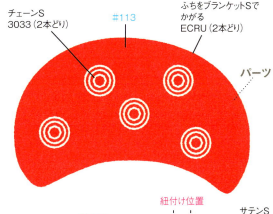

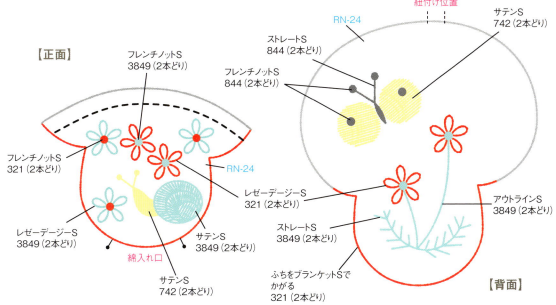

ヘビとりんご

作品掲載：P35

材料
刺繍糸 3348　321　844　581　ECRU
フェルト RN-18　RN-21　#703
スパンコール 06/cup色番21
革紐 20cm前後

作り方
1. 正面、背面、パーツの刺繍をする。
2. 正面、背面、パーツを切り抜く。
3. ヘビにECRUの糸でスパンコールを縫い付ける。
4. ヘビのパーツを縫い合わせる。（イラスト参照）
5. 紐を背面の付け位置に手芸用ボンドで貼る。
6. 葉のパーツの表と裏を縫い合わせる。
7. 葉のパーツを挟み込み、りんご本体を321の糸で縫い、綿を入れて閉じる。
8. ヘビを巻き付けECRUの糸で縫い付ける。（イラスト参照）

【正面】
紐付け位置
アウトラインS 3348（2本どり）
Eternal
RN-18

【パーツ】
RN-21
ふちをブランケットSでかがる 581（2本どり）
ストレートS 581（2本どり）
バックS 581（2本どり）

綿入れ口

【背面】
サテンS ECRU（2本どり）
フレンチノットS 3348（3本どり）
ふちをブランケットSでかがる 321（2本どり）
RN-18

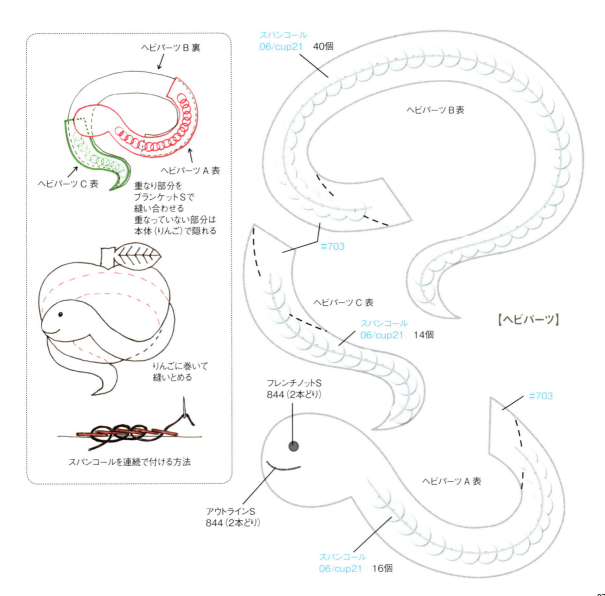

吉祥吊るし飾り

作品掲載：P38-39

材料
刺繍糸 321　3849　742　820
フェルト RN-18　#703　#538　#574
リリアン 赤1束
革紐 20cm前後

作り方
1. 背面、クジャクの体の刺繍をする。
2. 正面、背面、パーツを切り抜く。背面に赤い枠状のパーツを縫い付ける。クジャクのはねの小さいパーツを大きいパーツに、ストレートステッチで縫い付ける。
3. クジャクの体を縫い付け、頭のはね、くちばしを刺繍する。バランスをとりながら、はねのパーツを並べる。（前後上下、少しずつ重なるように）
4. はねのパーツを縫い付ける。
5. リリアンでタッセルを2つ作る。（イラスト参照）
6. タッセルと紐を背面の付け位置に手芸用ボンドで貼る。
7. 本体を321の糸で縫い、綿を入れて閉じる。

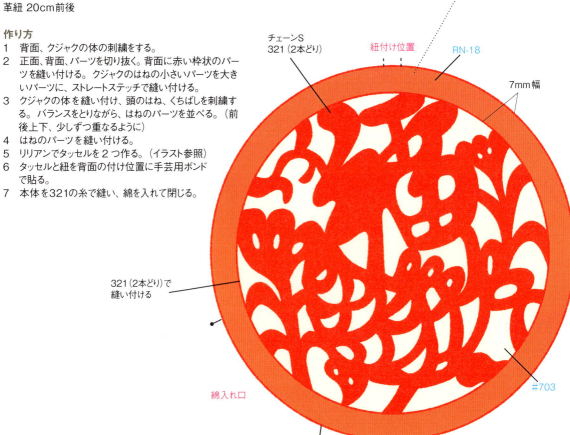

【背面】

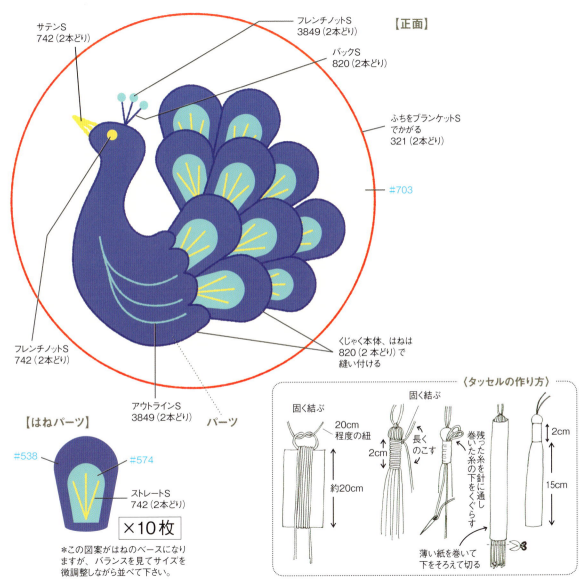

ドリームキャッチャー

作品掲載：P40-41

材料
刺繍糸 321　743　807　3849
フェルト RN-24　RN-18　RN-31　RN-17
スパンコール 06/cup色番21
フェザー 10〜12cm 長さのもの 4枚
ウッドビーズ（穴の径、約5mm）12個 *色はお好みで
革紐 吊り下げ用/20cm前後、はね飾り用/40cm前後

作り方
1. 正面の赤いパーツと、背面の黄色いパーツを切り抜く。正面の赤いパーツの内側と、背面の黄色いパーツの内側を縫い付ける。
2. 正面と背面の内側の刺繍をした後、背面にスパンコールを付ける。
3. 正面、背面を切り抜く。
4. フェザーに革紐を手芸用ボンドで付け、ウッドビーズを3個ずつ通す。（イラスト参照）
5. 革紐とフェザー飾りを背面の付け位置に手芸用ボンドで貼る。
6. 本体を3849の糸で縫い、綿を入れて閉じる。

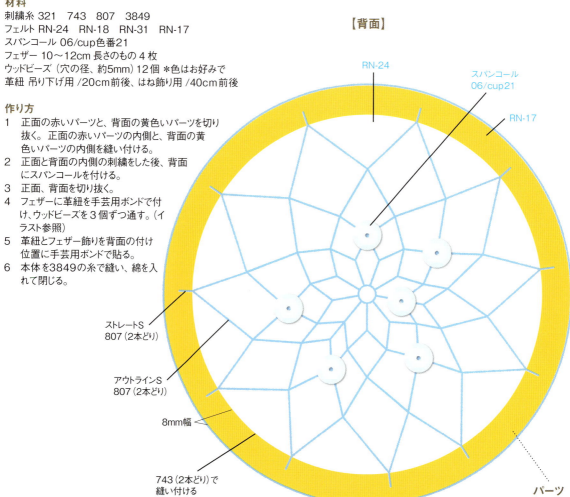

【背面】
RN-24
スパンコール 06/cup21
RN-17
ストレートS 807（2本どり）
アウトラインS 807（2本どり）
8mm幅
743（2本どり）で縫い付ける
パーツ

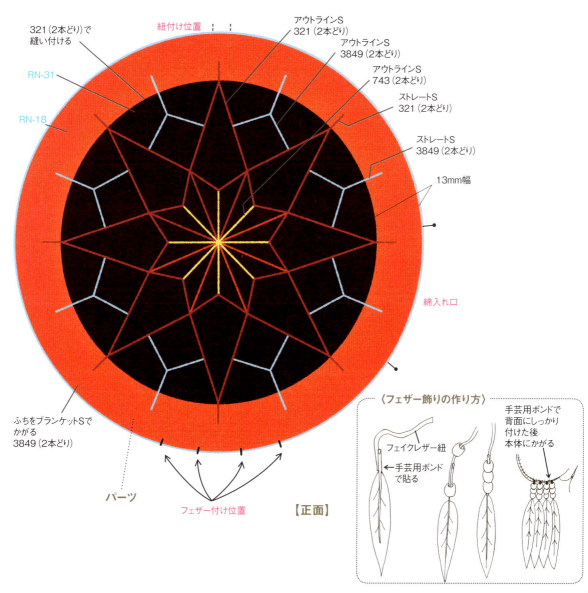

蝶々飾り

作品掲載：P42-43

材料

刺繍糸 3849　921　844　351　581　742
フェルト RN-29　RN-3　RN-43　RN-20　#703　#332
コットントーションレース 85cm
革紐 20cm前後

作り方

1. 正面　背面、パーツの刺繍をする。
2. 正面、背面、パーツを切り抜く。正面に花のパーツをフレンチノットステッチで、葉のパーツをバックステッチで縫い付ける。
3. 赤い花のパーツに白い花のパーツを手芸用ボンドで貼り、本体に縫い付ける。
4. 正面と背面に蝶のはねのパーツを縫い付ける。
5. コットントーションレースを17cm（縫い付け分2cmを含む）にカットする。（レースの種類や長さはお好みに応じて変えて下さい）
6. 紐を背面の付け位置に手芸用ボンドで貼る。
7. コットントーションレースを挟み込み、本体を921の糸で縫い、綿を入れて閉じる。（イラスト参照）

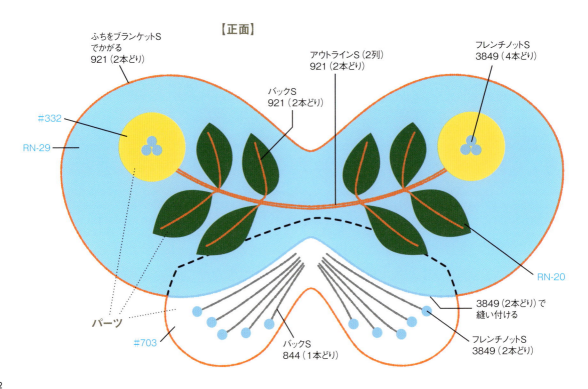

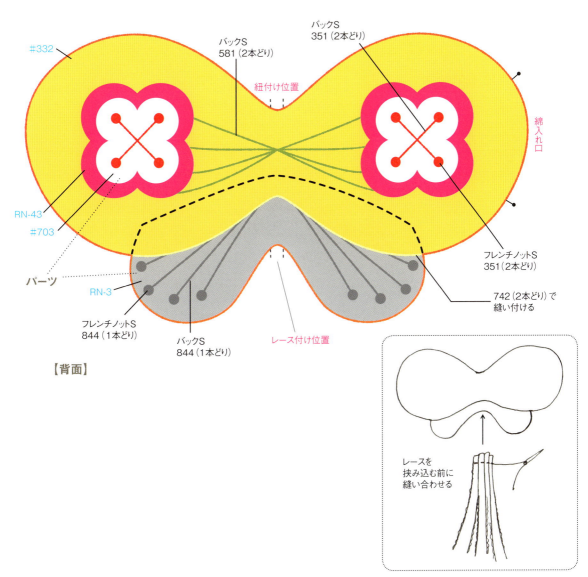

ヒイラギリース

作品掲載：P44-45

材料
刺繍糸 581　E3821　844　3849　3821　321　ECRU
フェルト RN-23　RN-24　RN-40　RN-20　RN-21　RN-29　#332
スパンコール 08/cup色番41
革紐 20cm前後

作り方
1. 正面、背面、パーツの刺繍をする。背面にスパンコールを付ける。
2. 正面、背面、パーツを切り抜く。
3. 正面にベルのパーツを縫い付け、振り子先端の円部分を手芸用ボンドで貼る。リボンのパーツを縫い付ける。
4. 紐を背面の付け位置に手芸用ボンドで貼る。
5. 本体をECRUの糸で縫い、綿を入れて閉じる。
6. ふちに葉のパーツをバックステッチで縫い付ける。（イラスト参照）
7. 背面に実のパーツを手芸用ボンドで貼る。

【正面】

バックS
581（2本どり）

6〜7mm内側
少しずつ重ねる
綿を入れてとじた後、葉を付ける

RN-40
321（2本どり）で縫い付ける

RN-23
パーツ

3821（2本どり）で縫い付ける
#332
アウトラインS
E3821（2本どり）

アウトラインS
844（1本どり）

ふちをブランケットSでかがる
ECRU（2本どり）

パーツ

レゼーデージーS
3849（2本どり）

#332

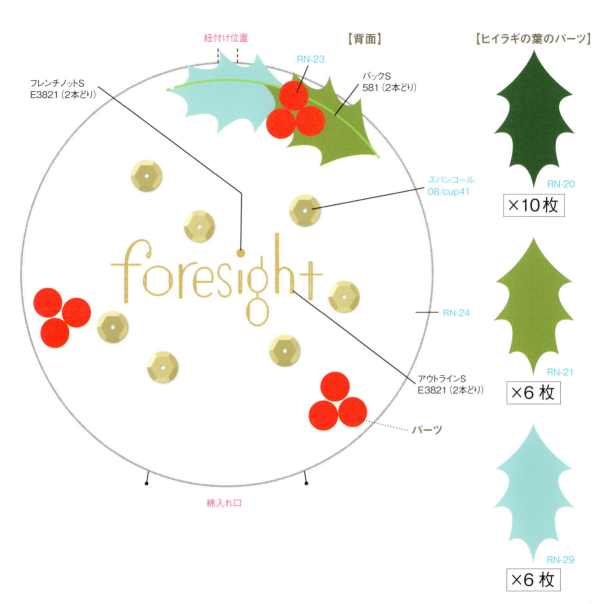

ささき みえこ

刺繍作家、イラストレーター。
北海道帯広市出身。
2004年より、布のセレクトショップ『はなはっか』運営。
自身の刺繍雑貨も販売。
ささきみえこHP　http://sasakimieko.c.ooco.jp
instagram　　@hanahakka_miekosasaki
布のお店はなはっか　http://hanahakka.com

STAFF

撮影	シロクマフォート
デザイン	石塚麻美
編集	平井晶子
ディレクション	武智美恵
制作協力	君塚悦子

《材料提供》

サンフェルト株式会社　http://www.sunfelt.co.jp/
〒111-0042　東京都台東区寿2-1-4
TEL　03-3842-5562（代）

ディー・エム・シー株式会社　http://www.dmc.com
〒101-0035　東京都千代田区神田紺屋町13番地 山東ビル7F
TEL　03-5296-7831

フェルトで作る 世界のお守りチャーム

2019年9月10日　第1刷発行

著者	ささき みえこ
発行者	吉田芳史
印刷所	株式会社文化カラー印刷
製本所	大口製本印刷株式会社
発行所	株式会社 日本文芸社

〒101-8407　東京都千代田区神田神保町1-7
TEL 03-3294-8931（営業）03-3294-8920（編集）

Printed in Japan　112190822-112190822 Ⓝ 01 （200020）
ISBN 978-4-537-21721-6
URL https://www.nihonbungeisha.co.jp/
©Mieko Sasaki 2019
編集担当（牧野）

印刷物のため、作品の色は実際と違って見えることがあります。ご了承ください。本書の一部または全部をホームページに掲載したり、本書に掲載された作品を複製して店頭やネットショップなどで無断で販売することは著作権法で禁じられています。

乱丁・落丁本などの不良品がありましたら、小社製作部宛にお送りください送料小社負担にておとりかえいたします。法律で認められた場合を除いて、本書からの複写・転載（電子化を含む）は禁じられています。また、代行業者等の第三者による電子データ化及び電子書籍は、いかなる場合も認めらていません。